AF226595

LA FORCE DES CHOSES.

LA
FORCE DES CHOSES

LETTRE A UN AMI

SUR LA

SITUATION POLITIQUE, MORALE ET RELIGIEUSE

DE LA FRANCE

ET

DU GOUVERNEMENT

QU'IL NOUS FAUDRA NÉCESSAIREMENT ACCEPTER
SI NOUS VOULONS L'ORDRE ET LA STABILITÉ,

Par Théodore PÉRARD, de Suippes.

Prix : 1 franc.

CHALONS,

DORTU-DEULLIN, IMPRIMEUR-LIBRAIRE.

—

1871.

PRÉFACE.

Je réclame du lecteur la plus sincère et la plus généreuse indulgence.

Cette lettre est le fruit de rapports intimes d'amitié bien plus que d'un esprit pratique versé dans toutes les connaissances qu'exige un pareil sujet.

S'il veut être justement sévère, que n'aura-t-il point à blâmer !

Le fond de l'ouvrage et non la forme,

La conscience de l'auteur et non le génie : telles sont les choses qu'il doit envisager en le lisant.

C'est dans cet espoir que je le publie.

Mars 1871.

LA FORCE DES CHOSES.

LETTRE A UN AMI.

Nous nous souviendrons, quand ils seront passés, de ces jours d'anxiété, de terreurs et de découragements, en face de cette double calamité : la destruction ou plutôt la nullité de nos armées et, comme conséquence, l'invasion de la France par l'étranger.

Non, jamais dans les annales de l'histoire, pareille défaite d'une grande nation sans qu'un seul succès soit venu adoucir ses douleurs et la consoler de ses revers, ne s'est produite d'une manière aussi prompte et aussi désastreuse.

Les causes qui ont amené ces défaites étaient aussi graves qu'elles étaient bien cachées.

Quand je parle des causes, je parle de celles qui ne sont connues que par un petit nombre d'esprits ; non point ces causes matérielles, individuelles, accidentelles, description sans fin dont s'occupent et s'occuperont sans interruption les journaux, abusant toujours les masses peu éclairées, en les fortifiant dans ce principe que si tels ou tels moyens eussent été employés, causes secondaires, les événements se seraient passés autrement, tout aurait été conjuré, sans songer aux véritables, aux causes premières, radicales.

Les nations, comme les individus, doivent subir la peine de leurs prévarications, de leur révolte contre toute espèce d'autorité reconnue et légitime; seulement les individus la subissent presque instantanément, tandis que les peuples ayant des siècles à vivre et à se développer, n'éprouvent ces grandes commotions qu'à des intervalles indéterminés. Des générations entières jouissent paisiblement de leurs rapines, de leurs démoralisations, tandis que d'autres, moins coupables en apparence, se trouvent frappées par toutes les calamités possibles.

Là s'arrête la prévision de l'homme, et dans ces luttes de peuple à peuple, dans ces bouleversements sociaux, celui qui triomphe ne doit s'attribuer aucune vaine gloire, si ce n'est celle d'avoir été l'instrument d'une puissance souveraine qui dirige les événements, sans que nous puissions savoir si c'est un bonheur ou un malheur de triompher. Comme le dit J. de Maistre :

« Nous parlons de succès du vice, et nous ne savons » ce que c'est qu'un succès ; ce qui nous paraît un » bonheur est souvent une punition terrible. »

Première pensée que je tiens à établir dans tout son jour et de laquelle ce qui suit ne sera qu'un long développement. Elle sera comme le flambeau qui dissipera l'obscurité dont ces discussions abstraites paraissent enveloppées. Il faut la graver dans votre esprit comme l'on grave sur le fronton d'un monument quelconque une inscription vague, laconique, mais qui n'en révèle pas moins son histoire vraie, son usage, son origine, sa fin.

Ainsi donc, après toutes ces défaites avouées, après ces déchirements affreux créés par ces luttes désespérées ; après ces ruines entassées, ces campagnes désertes, ces villes détruites, ces familles dispersées, ces victimes ensevelies sous des ruines, ou entassées en monceau sur le champ de bataille, laissant à celui qui reste témoin douloureux d'un pareil théâtre, les larmes, les regrets, la douleur éternelle ; eh bien, dis-je, après tous ces désastres, après tous ces revers, qu'avons-nous à faire, après avoir payé le tribut de sensibilité et de secours à nos frères souffrants, sinon d'en rechercher le remède, de calmer, de fermer toutes ces plaies, de cicatriser toutes ces blessures ; et afin que de si douloureux événements ne viennent plus nous frapper dans toutes nos affections les plus chères, ne point craindre d'en reconnaître les véritables causes et prendre les mesures propres à les détruire.

Pareil au médecin qui n'hésite point d'étudier le mal à chair ouverte, tranche avec le scapel le poison dissimulé dans la plaie afin d'en extirper le venin mortel qu'elle recèle.

Trois grandes causes ont amené en France cette période de malheur et de décadence que nous traversons :

La première, et celle que à juste titre on pourrait appeler la cause des causes, la religion méconnue, méprisée et foulée aux pieds. L'extinction de la famille et les mauvaises mœurs, conséquences nécessaires de l'irreligion.

La seconde et la troisième, qui ne sont que les corollaires de la première, la république et la liberté réclamées avec frénésie et tentées inutilement depuis un siècle ; enfin les monarchies illégitimes qui se substituaient à elle et devant nécessairement succomber.

Et comme remède et palliatif à tous ces maux, la nécessité absolue d'accepter cette forme légitime de gouvernement, avec toutes les garanties qu'un peuple le plus jaloux de ses droits puisse réclamer ; cette royauté pure du passé, n'ayant jamais pactisé avec la révolution ; ennemie de toute menée sourde, de toutes tentatives simulées, représentant un principe d'ordre, de sécurité, de stabilité, de justice et ne voulant le faire prévaloir que par la libre volonté de la nation.

Comme à mes yeux il n'y a point de mœurs véritablement pures sans religion, comme celle-ci implique nécessairement dans sa description les bonnes mœurs et l'amour de la famille, je commence par vous en donner l'explication et vous en montrer l'utilité indispensable pour les individus comme pour les nations.

La religion dans sa véritable acception veut dire les rapports qui existent entre l'homme et la divinité. Il n'y a point de société humaine sans religion, quelle qu'elle soit. « Chaque ville a sa religion, dit Cicéron, » la nature nous apprend à honorer Dieu, il n'est per- » sonne qui ignore la loi qui le commande »

Plutarque n'est pas moins explicite : « Si vous par- » courez la terre, dit-il, vous pourrez trouver des villes

» sans murs, sans lettres, sans lois, sans richesses, sans
» monnaies, quand à trouver un peuple qui n'ait point
» de culte à la divinité, c'est ce que personne n'a ja-
» mais vu. »

« La religion, dit Platon, est le principal fondement
» de la société, celui qui la renverse détruit toute so-
» ciété humaine. »

Il était bien sûr réservé aux peuples soi-disant ci-
vilisés du dix-neuvième siècle de donner en spectacle
ce que les philosophes de l'antiquité cherchaient inutilement.

La France, il est vrai, possède ses monuments religieux, ses cathédrales, ses basiliques ; le culte y est
offert avec le grandiose, la majesté que réclame si
souverainement la puissance infinie du dieu que l'on y
adore. Mais les passions qui ont macéré ces cœurs
empêchent qu'ils en sentent les beautés, qu'ils en
goûtent les joies pures et les douces harmonies.

C'est en vain que vous cherchez sur ces visages la
plus légère émotion, signe distinctif d'un sentiment
religieux.

L'on n'est sensible qu'à ce qui flatte la vanité ; les
intérêts matériels seuls intéressent, préoccupent toute
la vie, sans songer un instant si l'on doit faire autre
chose. Faut-il s'étonner que la France ait succombé
dans cette lutte qui vient de s'accomplir ; que peut-on
attendre d'une nation qui ne croit plus à rien, dont la
morale repose sur l'intérêt et l'égoïsme.

Les nations les plus attachées aux cultes divins ont
toujours été les plus durables et les plus sages.

Si, sous ce voile sacré de la religion, il s'est commis des crimes, si même ceux qui étaient chargés de l'enseigner et de la pratiquer en ont enfreint les lois sacrées, ce n'est point la religion qui leur inspirait ceci ; en le faisant en son nom, ils commettaient un double crime.

Du reste, de quoi l'homme n'abuse-t-il point? Tout a ses extrêmes. La religion, si douce, si bienfaisante, quand elle est pratiquée telle que Jésus-Christ l'a enseignée, engendre dans ses excès le fanatisme, qui n'est autre que la rigidité, qui dégénère en persécution pour l'amour de Dieu.

Notre siècle n'est point imbu de ces préjugés ; si le quinzième et le seizième siècles furent bouleversés par ces discussions théologiques, par ces persécutions affreuses qui en résultaient, le nôtre est indifférent au mouvement religieux qui s'opère sous ses yeux, quel qu'il soit. C'est le siècle de l'indifférence et de l'incrédulité la plus absolue, et par conséquent de l'immoralité qui pénètre jusque dans les régions les plus inaccessibles en apparence à cette terrible contagion.

Une nation sans principes religieux, sans mœurs, efféminée, adonnée à toutes les jouissances sensuelles, devait nécessairement succomber sous la puissante et merveilleuse organisation morale et militaire de la Prusse.

Ces soldats, ces officiers étrangers, cette troupe enfin n'a-t-elle point donné l'exemple des mœurs les plus sévères qu'une armée aussi immense ait jamais montré en aucun temps.

Quelle leçon ne nous ont-ils point faite ces hommes

sortis pour la plupart des premières familles d'Allemagne, ne craignant point de perdre la vie, animés du plus pur patriotisme, et séparés cependant de leur patrie, d'une famille nombreuse ; tandis que nos officiers parvenus, à part quelques rares mérites, par l'intrigue ou la corruption, préféraient à l'honneur de servir leur patrie, rendre leur épée à l'ennemi, traverser toute l'Allemagne, la risée de toute une nation, et cela pour conserver leur titre en même temps que leur vie lâche, lascive, efféminée.

Le devoir, cet aiguillon des cœurs nobles, mais qui repose sur la religion et les bonnes mœurs, ne leur était point connu. Il leur fallait l'or, les plaisirs grossiers dont ils se nourrissaient, dont ils s'enivraient depuis tant d'années.

Et ces jeunes soldats appelés à la hâte pour reconstituer nos armées, presque tous fils uniques, ne regrettant ni frère, ni sœur, ces liens si purs de la famille. Voués déjà à l'égoïsme, de mœurs équivoques, quelle valeur ont-ils montrée ? Quels succès pouvait-on attendre de pareilles légions ? Est-il un sentiment noble, généreux, patriotique, juste même, qui puisse pénétrer dans ces cœurs amollis dès le berceau, ne puisant au foyer que l'insensibilité, le dédain à la misère publique, joint au luxe le plus scandaleux, au bien-être matériel le plus raffiné pour tout ce qui tient à leurs besoins, à leurs caprices.

Toujours adulé, toujours déifié à peine, dans ses mille fantaisies, ce fils de famille commande en maître à tout ce qui l'environne, et bien heureux s'il n'est pas quelques vils adulateurs qui lui disent ce qu'autrefois un lâche courtisan disait à Louis XV encore enfant : « Ce peuple que vous voyez, c'est à » vous, ça vous appartient. »

L'exemple du bien comme du scandale vient d'en haut ; aussi cette fureur à imiter les grands ne s'est jamais développée d'une manière plus effrayante que de nos jours.

Les campagnes même, dernier refuge de la simplicité et des mœurs pures, perdent leur antique franchise ; le souffle corrupteur et desséchant des villes a passé sur ces peuples naguère heureux quand ils suivaient la voie que leur traçait la nature et la religion de leurs pères ; mais maintenant, animés d'une dévorante soif de posséder pour atteindre à cette opulence tant désirée, on sacrifie tout, plaisir, repos, l'honneur même, que dis-je, on offre en holocauste à cette déesse impitoyable, l'ambition, bien plus encore, ce qu'il n'eut jamais été possible d'imaginer en aucun autre temps que dans ce siècle raffiné en tout, eh bien, dis-je, on immole la FAMILLE.

Ainsi la famille, atteinte au cœur dans son existence même, est pour moi, comme pour tout observateur judicieux et philosophique, le signe le plus distinctif, non-seulement de l'abâtardissement de l'intelligence et des caractères, de la démoralisation la plus profonde, mais de l'abandon, de l'appauvrissement du pays, qui fera de la France quelque jour la proie facile du premier ambitieux du nord, exemple que nous venons d'avoir sous les yeux, et pour me servir d'une autorité qui ne saurait être suspecte en matière de religion, voici ce que dit J.-J. Rousseau : « Cet usage, ajouté aux autres » causes de dépopulation, nous annonce le sort pro- » chain de l'Europe. Les sciences, les arts, la philoso-

» phie et les mœurs qu'elle enfante ne tarderont pas
» d'en faire un désert. »

Il est temps que la France revienne à des principes
justes, moraux, religieux surtout, si elle veut que de
son sein il sorte encore des hommes forts, courageux,
d'un grand caractère, capables par la science, le patriotisme et les vertus qu'il inspire, de vaincre les
événements, les attaques qui surgissent tout à coup
au sein d'une nation.

Il faut détruire de son esprit cette douce erreur,
cette trompeuse chimère, ce préjugé funeste, que le
bonheur peut et doit se trouver en ce monde. Assez de
douloureux événements viennent de s'accomplir pour
nous convaincre de la vanité des honneurs, des plaisirs
et de la fortune.

Aimons le foyer intime de la famille, aimons les
peines et les douleurs qu'elle nous impose, comme
nous aimons ses joies pures, et nous éprouverons le
bonheur que donnent les sacrifices acceptés et le devoir
accompli.

La seconde cause que je m'impose de vous expliquer,
cher ami, c'est cette frénésie qui s'empare d'une partie
de la nation, à chaque bouleversement, à chaque
écroulement de trône, acclamant la république comme
le seul gouvernement juste, équitable, rationel, sans
songer qu'il n'a jamais eu en France qu'une durée
éphémère, qu'il est et ne peut être qu'un gouvernement
de transition.

« La république, dit Lamartine, est la forme obligée,
» fatale, d'une nation à un pareil moment; à une ac-
» tion soudaine, irrésistible, convulsive du corps social,

» il faut le bras, la volonté de tous, le peuple devient
» foule et se porte sans ordre au danger, lui seul peut
» suffire à la crise. »

Ces deux monarchies qui viennent en moins d'un
demi-siècle de s'écrouler ont pu faire croire que la
république était la forme obligée que nous devions
adopter, tandis que ces monarchies elles-mêmes, en-
fantées par la révolution et la trahison, renfermaient
dans leur principe même d'existence des éléments de
ruine et de dissolution inévitables.

Seulement l'une reniant son origine s'est établie par
la sanction simulée du peuple, aux chants de *la Mar-
seillaise*, espérant, par une combinaison impossible,
restaurer la royauté et satisfaire la révolution.

Elle s'assied paisiblement, cette royauté, sur ces
débris encore fumants d'un trône écroulé, sans se
douter que de ces ruines éteintes devait, avant vingt
ans, s'échapper un volcan.

L'autre n'avait pour amollir, pour entraîner les
masses, qu'un nom prestigieux, inscrit en lettres de
feu et de sang sur tous les monuments, dans toutes les
capitales de l'Europe.

Elle recueillait l'héritage de ce géant moderne, dont
la marche triomphante et lugubre avait tracé un sillon
funèbre à travers tous les peuples.

Elle crut, cette nation folle et vaine, qu'une lueur
de ce génie puissant avait passé dans un descendant
de cette race épuisée.

Cependant l'histoire qui donne le secret de l'avenir,
lui disait que tous les rois conquérants n'eurent point
de successeurs : Charlemagne, Charles V, Charles-
Quint, François Ier, dans l'histoire moderne, en sont de

frappants exemples. Et à cela la Providence y préside ; que deviendrait le monde ?

Je veux vous prouver visiblement que la république, bien loin d'exister en France, était même une forme de gouvernement, sous Rome et Athènes, la plus propre à faire naître les guerres civiles, les factions turbulentes, et que souvent les consuls, les dictateurs se virent contraints de recourir à ces lois martiales, qu'aucune monarchie n'a jamais adoptées.

Sans remonter à cette république d'Athènes, premier modèle des républiques modernes, et qui possédait dans son sein ces hommes uniques par le génie, la valeur, l'amour de la patrie, il me suffira de vous dire que jamais aucun peuple n'enfantera plus des Démosthènes, des Phocion, des Thémistocle, des Léonidas et des Périclès.

Et cependant Solon, ce sage législateur, se voit méprisé, persécuté par le peuple pour qui il avait aboli ces lois draconiennes et formé ce gouvernement mixte, mélange impur dont aucun chimiste politique ne pourra combiner, assimiler les matières hétérogènes, répulsives qui le composent.

A peine avait-elle renversé le dernier des pisistratides et reconquis sa liberté, que la démocratie, ou ce qui est la même chose, la révolution, n'eut plus de limites dans ses excès.

Le peuple ne voulut plus obéir qu'à des démagogues qui l'égarèrent.

Si sous Thémistocle et Périclès la nation ne fut point bouleversée par ces querelles intérieures, c'est parce que ce peuple essentiellement guerrier, était continuellement attaqué par les Perses, contre lesquels il combattait si héroïquement.

Cette république, si sage sous Solon, si brillante, si prospère, sous Thémistocle, si opulente, si luxurieuse, sous Periclès, mais dont les mœurs commençaient à s'affaiblir, effet de leur trop grande prospérité, devait bientôt être déchirée par elle-même, guerre fratricide qui lui donnant successivement pour maîtres Philippe, Alexandre, devait bientôt la livrer à des tyrans cruels et impitoyables.

Pour quand à la république romaine, second modèle offert à l'admiration du monde, elle prit naissance à l'expulsion des Tarquin dont le nom devint justement exécrable, autant par l'horreur qu'inspira son fils Sextus, horreur causée par cet acte infâme sur la personne de Lucrèce, que par les persécutions, les vexations, les charges iniques dont il se plut à tourmenter son peuple.

Il ne fut élu d'abord que par la magnificence qu'il déployait et les largesses qu'il répandait avec profusion, au commencement de son règne, pour se faire des créatures. Dons funestes que le peuple paie toujours au centuple par la suite.

Pourquoi a-t-il préféré, ce peuple inconstant et aveugle, un roi parricide au successeur légitime (ce mot vous sera expliqué plus loin), pourquoi, dis-je, a-t-il rappelé ce Tarquin, surnommé le Superbe, pour l'acclamer roi préférablement au successeur d'Ancus Marcus, dont le règne fut si sage et si paisible ?

Le peuple fut et sera toujours le même dans tous les temps. Est-ce que deux mille trois cents ans plus tard il n'a pas sacrifié son roi, pacifique, humain, libéral, à sa fureur jalouse, brisé ce sceptre dix fois séculaire, pour y placer un conquérant qui en le menant à la gloire en même temps qu'à la mort, lui fit regretter plus d'une fois ses anciens maîtres.

Je poursuis, il suffit de parcourir l'histoire de la république romaine pour se convaincre qu'excitée tantôt par la rivalité des consuls, et presque toujours par ses tribuns, dont l'institution, en protégeant le peuple apparemment, devait faire naître la révolte, cette nation fut constamment ballotée par la tourmente révolutionnaire. Les guerres continuelles que lui suscitaient les provinces voisines, furent une puissante et nécessaire diversion à ces conspirations successives, qui toujours se tramaient dans son sein et menaçaient de la détruire. Elle se fut anéantie elle-même, sans ces hommes de fer, ces héros qui les enivraient par la victoire.

Elle étendit sa puissance sur le monde entier, il est vrai, mais en agrandissant ses conquêtes, elle perdit son unité, l'âme nécessaire de toute bonne administration et de tout gouvernement durable. Ses consuls, ses proconsuls, ses généraux, s'en allaient conquérir et gouverner la Gaule et la Bretagne, tandis que d'autres rendaient l'Egypte, la Perse, l'Arabie même tributaires de la domination romaine.

Tous ces gouverneurs disposant de fortunes immenses, amollis par les délices de la vie, s'opposèrent les uns aux autres : Sylla à Marius, Pompée à César, Lepide à Octave et Antoine, Antoine à Octave surnommé Auguste, et dont le triomphe devint le marchepied de sa grandeur future. Le nom d'empereur remplaça celui de consul et de dictateur jusqu'à ce que par une succession de tyrans, l'empire romain déchiré par les guerres civiles, les persécutions, les proscriptions, se divisant en mille tronçons, devint la proie des barbares.

Si les Démosthènes, les Léonidas sous la Grèce, les Régulus, les Cornélie, les Gracque sous Rome républicaine, n'empêchèrent point que ces républiques succombassent sous l'ambition, les mœurs dissolues qui naissent même au sein d'une autorité aussi pure et ne cherchant à imposer les lois que pour le bonheur du peuple, que peut-on penser, espérer de celle qui veut se soutenir au milieu des factions, et dont les hommes turbulents aspirent tous à gouverner, et ne réclament si énergiquement ce gouvernement que parce qu'ils espèrent que leurs aspirations seront satisfaites.

Ils ressemblent assez ces hommes à cet architecte d'un roi de Perse, appelé près de lui pour relever les débris d'un temple écroulé, afin de le rétablir dans sa grandeur et sa beauté primitives. Il sut si bien en altérer la riche harmonie et les gigantesques proportions, qu'il put avec les riches débris qu'il sut détourner, se créer pour lui-même un splendide palais.

Je ne veux point parler de cette république dite de 89, et dont les principes acceptés d'abord par le peuple comme un affranchissement, dégénérèrent en fureur, firent naître ce règne de la terreur, de la spoliation, du bannissement, de l'échafaud, et dont les auteurs furent les dernières victimes.

Cette république, dépopularisée par ses excès, se soutint encore quelque temps sous le Directoire, calme, modérée, mais faible, attendant qu'un nouvel Auguste vint audacieusement ceindre la couronne impériale et enchaînât à son trône, sous sa main despotique, la liberté et les peuples qui depuis dix ans combattaient pour elle.

Depuis, que n'a-t-on point tenté ; toutes les combinaisons, toutes les formes possibles de gouvernement ont subi leur épreuve, et toutes ont croulé, se sont brisées contre le rempart même dont elles devaient s'abriter en rassurant la nation.

Le contrôle, la discussion systématique, née du suffrage universel, seront toujours les écueils inévitables de tout gouvernement électif et constitutionnel qui s'établira sur cette base populaire, plus mobile que les vagues de la mer.

Un pouvoir contesté n'est plus un pouvoir, dit Balzac. Thiers lui-même avoue « que la discussion est une » conspiration permanente. »

Le pouvoir est une action et le principe électif est la discussion. Il n'y a point de politique possible avec la discussion en permanence.

Le suffrage universel est issu de la révolution, et tout pouvoir né de lui doit nécessairement succomber.

Les sciences en général ne se soutiennent, ne se perfectionnent, que parce que en dehors des innovations que tout esprit peut tenter, il doit toujours s'appuyer sur des principes indiscutables, dits axiômes, s'il ne veut s'égarer et tomber dans des tentatives chimériques.

Tout est soumis, dans la nature comme dans les

sciences, à certaines lois absolues, en dehors desquelles nous tombons dans le plus profond chaos.

Et l'on voudrait qu'un pouvoir politique résiste aux variations des opinions si diverses, si multiples, que viennent faire prévaloir ces tribuns d'un peuple ingouvernable.

Je le répète encore une fois, dût-on me traiter de rêveur, d'utopiste, de quelque épithète plus injurieuse encore, je soutiens que tous les gouvernements qui viendront s'établir sur ce double écueil, le suffrage universel et la discussion permanente qui en découle, se briseront successivement, laissant la France dans des révolutions successives, dans des secousses continuelles, et comme Athènes, comme Rome autrefois, comme l'Espagne actuelle, comme l'Italie, enfin comme tous les peuples révolutionnaires, deviendra la proie des barbares.

Mais, me direz-vous, effrayé sans doute, il nous faut donc le pouvoir absolu ? Non, mille fois non ; je vous expliquerai plus loin ce que c'est que le pouvoir absolu.

Il me reste et m'importe de vous prouver encore une fois que la république est en France le gouvernement impossible.

Je veux parler de cette république de 48, dont Lamartine était l'apôtre, et qui certainement avait beaucoup d'adeptes, gouvernement sublime, et dont il avait la conviction pure et sincère, il est si doux d'avoir l'illusion du bien qu'on désire. Cette république de Lamartine, comme on dit la république de Platon, est

destinée à un peuple de sages, modéré, sans ambition,
sachant reconnaître le mérite et l'élever aux emplois
dans l'intérêt de tous.

Il croyait que tous les cœurs étaient à l'unisson du
sien, que tous les esprits, que toutes les intelligences
se nourrissaient de sa doctrine, qui certainement aurait été le terme de nos maux.

Malheureusement, Lamartine était l'utopiste du bien
comme d'autres sont les utopistes du mal. Le peuple,
qui s'attendrissait à sa doctrine dont la morale était si
sublime, se laissait séduire un moment pour se re-
plonger dans la fange plus profondément, et se livrer
corps et âme à ces doctrinaires cruels, impitoyables,
et qui sous les dehors de philanthropie ne travaillent
que pour leurs passions.

Nous avons vu surgir cette foule d'esprits systéma-
tiques, utopistes, socialistes, etc., qui faisaient entre-
voir à la foule ignorante qu'elle ne trouverait le bonheur de ses familles et des garanties contre l'arbitraire
du riche que dans l'acceptation et la promulgation de
leurs doctrines.

Ils croyaient bien que leur règne était arrivé, ces
hommes ardents, dont la foi sincère et fanatique en
leurs principes les illuminait aux yeux de la foule. Ils
croyaient bien ces hommes qu'ils allaient enfin fonder
cette révolution sociale, qui jusque-là n'avait eue pour
eux qu'une existence chimérique et contestée.

Proudhon, Louis Blanc, Fourrier, nouveaux Calvins
de la politique, pourquoi n'avez-vous pu fonder cette
république humanitaire, socialiste, communiste ? Pourquoi, entraînant, subjuguant les masses révolution-

naires par les paroles magiques de votre doctrine, avez-vous succombé sous l'ironie, sous le sarcasme d'une assemblée élue et éclairée ? Pourquoi un homme sans foi politique, possédé seulement du désir effréné de dominer par tous les moyens nécessaires, a-t-il pu vous disperser, et à vos maximes si entraînantes, si séductrices d'amour du bien et de l'humanité, opposer seulement une politique de terreur et de proscription.

Mais, me direz-vous, l'Amérique nous offre le spectacle le plus merveilleux de ce que peut un gouvernement ne relevant que de la volonté nationale ; serions-nous moins sages que ce peuple, formé de tous les peuples de l'univers, élément hétérogène qui cependant produit l'ordre et la sécurité.

L'Amérique il est vrai est républicaine, elle fait l'admiration des peuples qui veulent l'imiter ; seulement si jamais il vous plaisait de visiter ses parages, n'oubliez point ce revolver dont le nom américain révèle assez que son usage dans ce pays est devenu indispensable.

Il faudrait des volumes pour vous retracer les lents et patients labeurs, les terribles épreuves par lesquelles il faut qu'un peuple passe, pour ouvrir la terre, fonder, édifier des villes, lutter tantôt contre le climat et les éléments, tantôt contre les sauvages et les bêtes féroces.

Les vastes landes, la grandeur des steppes, ouvrent un vaste champ à l'activité de ces peuples. On ne se dispute point dans ce pays pour un arpent de terre, tandis qu'on le jette en pâture à ces milliers de colons qui arrivent refoulés par la civilisation européenne.

Cependant la multiplicité de leurs religions, la di-

versité de leurs croyances, devront quelque jour faire
naître des dissensions, des luttes cruelles, qui peuvent
dégénérer en persécution.

De nos jours, nous avons été témoins de cette guerre
intestine, unique dans l'histoire des peuples ; la nation
divisée en deux tronçons, cherchant l'un et l'autre à
s'anéantir, et cela pour des intérêts qui s'accordaient
mal, pour une partie de la nation, avec l'affranchissement que réclamaient partout la nature et la civilisation.

Attendez encore quelque temps, que le cercle des
intérêts et des ambitions se resserre, que tous ces immenses déserts laissés à leur dévorante ambition,
comme une proie nécessaire, soient limités, et du sein
de ce peuple, versé pour la plupart dans la science
des gouvernements, vous verrez surgir, comme partout
ailleurs, la révolution fille légitime de nos passions.
Il marche à la conquête de l'ouest, comme les Romains autrefois marchaient à la conquête du monde
entier; mais bientôt s'arrêtera sa grandeur, sa prospérité, si une main puissante, un pouvoir juste et fort
ne peut détourner toutes ces forces inutiles vers un
but plus noble et répondant mieux à la stabilité et au
bonheur d'un peuple.

Parlerai-je de cette république Helvétienne, dont les
habitants protégés par ces roches amoncelées, ont
conservé les mœurs primitives. Elle semble, cette nation, destinée à représenter éternellement les premiers
âges du monde.

La crête des Alpes, ceinture respendissante, limite
abrupte, impénétrable, entre la civilisation antique et

barbare, en les séparant de tout contact avec les mœurs et la civilisation moderne, leur a permis de continuer cette république éternelle, qui sera toujours pour les autres peuples un modèle inimitable, puisqu'elle tient autant à la situation géographique qu'aux mœurs que de pareils lieux font naître chez ce peuple.

Vous le voyez, il n'y faut point songer, la république n'est point le gouvernement des Français. La longue habitude de la monarchie, le caractère mobile, changeant de ce peuple, la situation géographique même, tout se refuse à implanter ce gouvernement dans les esprits.

La France est libre aujourd'hui de sa destinée. Elle va sans doute se retrouver en face de tous ces partis qui n'attendent pour livrer la lutte que le moment où l'arène soit ouverte. Que va-t-il sortir de toutes ces discussions d'un intérêt aussi élevé, aussi général ? A quel génie, à quel légiste, à quel jurisconsulte va-t-on donner le pouvoir pour élaborer cette fameuse constitution, qui depuis 1791 n'a pu satisfaire la nation protégée par elle. Labyrinthe moderne, qui toujours dans ses issues, dans ses détours inextricables, renfermera son minotaure.

Il ne me reste plus, acceptant sans me plaindre ce qui va s'accomplir, attendant patiemment que mes prévisions se réalisent, il ne me reste plus, dis-je, que de réfuter une à une toutes les erreurs auxquelles certains esprits ont recours pour abuser les masses peu éclairées sur la monarchie légitime. Ce sera la plus brillante apologie d'un régime qui n'est connu que par les préjugés répandus contre lui.

Vous avez dû vous apercevoir que deux points ont été traités ensemble.

La monarchie illégitime, issue de la révolution, n'a pas besoin de longs développements pour paraître impossible, à ceux même les moins versés dans l'histoire des gouvernements.

Je commence donc par vous expliquer ce que c'est que la *légitimité*, mot qui effraie, qui soulève l'indignation des hommes qui s'irritaient encore plus il y a quelques jours au seul mot de *république*, gouvernement qu'ils accepteraient aujourd'hui ne sachant plus sur quoi prendre leur point d'appui.

La légitimité véritable est un pouvoir conforme à la raison, à la justice, au droit établi, et qui a pour lui la sanction du temps ; je n'en connais point d'autre.

Il est vrai que dans nos temps d'écroulements continuels, dont il faut à la hâte réparer les ruines, on appelle de ce nom un pouvoir institué conformément au droit, que ce pouvoir découle de l'hérédité ou de l'élection.

La Providence ne se manifeste jamais plus visiblement que quand elle soutient pendant des siècles des pouvoirs humains ; le temps seul donne cette sanction qui légitime tout pouvoir ; il fonde, il assied sur du granit ces édifices séculaires, et que ne peuvent abattre les flots populaires sans périr sous leurs ruines.

La restauration (1), sous Louis XVIII, aurait dû dé-

---

(1) Voir la brochure de M. Barbat de Bignicourt, *Le Fond des Choses*, pour toutes les objections sur M. le comte de Chambord.

truire tous préjugés contre cette monarchie de soi-
disant privilège ; surtout pour ces écrivains qui abusent,
qui trompent le peuple en lui montrant que la restauration des Bourbons amènerait fatalement la monarchie du droit divin.

Voici, dit-on, ce qui découlera de cette monarchie :

Le pouvoir personnel ;

La domination du clergé et de la noblesse ;

La religion d'Etat ;

Le droit d'aînesse ;

Le règne du favoritisme ;

L'augmentation des couvents ;

L'instruction de la jeunesse par les jésuites ;

La substitution du drapeau blanc au drapeau tricolore ;

L'abolition du suffrage universel ;

    — de la liberté de la presse ;

    — de la liberté des cultes ;

    — de la liberté d'enseignement ;

    — du droit de réunion.

Il me sera facile, autant qu'instructif pour vous, de
réfuter une à une ces imputations, prouvant que l'une
n'existe plus, et ne pourrait même plus exister, d'autres
libertés, puisqu'il faut prononcer ce mot, dont il faut
comprimer les ressorts énergiquement, si nous ne
voulons voir sortir de son sein son ingouvernable enfant, la révolution.

Qu'est-ce donc que cette liberté que les peuples réclament avec tant de délire. Mirabeau, génie immense,
mourut accablé sous son poids sans la connaître. Ses
plus chers favoris, les Roland, les Camille Desmoulins,

les Brissot, les Danton, périrent pour l'avoir connue. Robespierre, qui la personnifiait aux yeux de la foule, fut la dernière victime de la révolution.

« O liberté ! s'écriait Mme Roland allant à l'échafaud, » que d'horreurs l'on commet en ton nom. »

C'est l'écharpe dont s'enveloppe la révolution pour cacher sa hideuse nudité.

C'est le mot d'ordre de toute conjuration.

La liberté de réunion, de la presse,

La liberté d'enseignement, sans restriction, c'est la liberté de dire, de faire, d'enseigner le mal, c'est la révolution déguisée.

Le pouvoir personnel ou absolu, c'est lorsque le chef de l'Etat est au-dessus du contrôle de toute loi, et que son pouvoir législatif est illimité.

Où trouver dans l'histoire un pareil exemple de gouvernement, si ce n'est sous les rois d'Asie, les empereurs romains. La monarchie, sous la féodalité, n'a jamais eu cet absolutisme dont on l'a toujours accusée.

Si loin qu'on remonte dans l'histoire de France, on voit les rois désirant et intéressés même à affranchir leur peuple. Dès 1212, Louis le Gros institue des tribunaux royaux pour rendre justice au peuple. Les parlements leur succédèrent et furent investis, et toujours par les rois, d'une telle puissance pour protéger le peuple, que Louis XI lui-même, le prince le plus absolu de la monarchie, vit ses ordonnances rejetées par le parlement, comme étant trop vexatoires pour le peuple. Le parlement avait obtenu de Catherine de

Médicis qu'il serait le seul dépositaire des ordonnances imposant au peuple de nouvelles charges pécuniaires ou règlant les intérêts généraux. Un règlement même de Philippe le Bel, en date du 3 décembre 1319, nous montre la royauté excluant du parlement tous les re-présentants du système féodal.

Les rois ont toujours été les plus occupés de l'affranchissement du peuple, et les décrets promulgués avec violence à la révolution de 89 seraient venus len-tement, par la force des choses, sans secousse, sans tiraillement, si le peuple, dans ses impatiences, dans ses fureurs même, n'eut été désireux de persécuter et de détruire.

La domination du clergé et de la noblesse est encore une de ces imputations qui tombe d'elle-même devant ces décrets que Louis XVIII fit en rentrant en France. Il y est dit formellement : « toutes les propriétés sont » inviolables, sans aucune exception de celles qu'on » appelle nationales, la loi ne mettant entre elles au-» cune différence. » (*Charte constitutionnelle.*)

Louis XVIII qui savait jusqu'à quel point les émigrés conservaient d'illégitimes espérances à ce sujet, et qu'à cette condition expresse était attachée la paix du royaume, fut inflexible sur ce point.

Ceux qui par oubli, ou par la trop courte durée de la révolution pour une pareille destruction, retrouvè-rent leurs biens intacts, non vendus, ne conservèrent rien de leurs anciens priviléges. Ils furent soumis, comme le dernier du peuple, à l'égalité devant la loi. Tout individu put dès lors aspirer à tous les emplois.

Là sans doute apparaît le favoritisme, si toutefois il

faut appeler de ce nom la préférence, les faveurs plus ou moins méritées. Et qui donc pourra fixer le véritable mérite.

Vous voulez une juste répartition des emplois, selon les aptitudes diverses et bien reconnues. Mais comment juger celui qui en est le plus digne. Un tel est d'un savoir plus élevé que vous, c'est parfaitement reconnu ; dites-lui, il se récriera contre une pareille injustice.

Il faut donc, sauf quelques erreurs et même quelques préférences qui tiennent quelquefois à la sympathie des individus et des caractères plus qu'à l'intrigue, s'en remettre à des hommes signalés par leur justice, leur impartialité et surtout joignant à la science la plus étendue sur ce dont ils sont chargés, ce tact sûr qui en découle et qui vaut mieux encore.

Mais pour quand à ces favoris du trône, qui en tous les temps en captivant les princes, savent s'arroger la souveraine puissance, je les réprouve. Seulement les Concini, les Luynes, les Richelieu, les Mazarin en France, les duc d'Albe, les prince de la Paix en Espagne, et de nos jours les Guizot, les Rouher, qui paraissaient les soutiens du trône et les défenseurs de la nation, quand ils ne l'étaient que de leur grandeur et de leur popularité, ne nous empêche pas d'admirer les Sully, les Colbert, les Turgot, les Malesherbes, les Talleyrand, les Montesquieu, dont la vie entière fut consacrée à la prospérité et à la grandeur du royaume. Mais dans notre siècle de secousses continuelles, le mérite seul est choisi et favorisé, non point pour jouir des faveurs qui l'environnent, mais bien plutôt, parce que à son habileté, à sa popularité sont attachées la prospérité et la paix du royaume, autant que la durée du pouvoir.

Responsabilité immense qui pèse sur celui qui est chargé d'une pareille mission. Aussi les voyons-nous, tous ces ministres, se succéder rapidement les uns aux autres, et n'emporter de la nation, pour prix de leurs travaux et de leurs soucis, qu'une critique sévère qui, en blâmant, condamnant même leurs actes politiques, atteigne à peine l'individu dans sa personnalité.

La liberté de la presse sera toujours accordée en France, quelque soit le gouvernement, mais en réprimant les écarts auxquels elle n'est que trop disposée à se livrer. Puissance funeste, qui distille le poison avec tant d'art. Elle crée, elle détruit les gouvernements, et malgré ses excès connus, elle gouverne l'opinion de tous ces esprits flottants ; elle passionne, elle fanatise même cette foule avide de nouveautés ; et nous avons vu et nous voyons encore de nos jours ces fameux journaux, chefs-d'œuvre de sarcasme, d'ironie, d'invectives, de raillerie, et dont le style léger et amusant en fait tout le mérite, jeter les esprits dans un véritable délire d'approbation.

L'État a toujours été intimement lié à l'Église. Ces liens réciproques prennent leur source dans la conscience même de l'individu, qui réclame une religion pour le consoler, avec la même impatience qu'un gouvernement protecteur d'elle comme de la nation.

La constituante elle-même, après l'expulsion de la noblesse et du clergé, sentit le besoin d'assimiler l'administration de l'Église à celle de l'État, et composer ce qu'elle appelait la constitution civile du clergé.

A peine parvenu premier consul, Bonaparte songea à faire cesser ce schisme, qui naquit du serment exigé et divisait en deux classes le clergé. Il voulut faire cesser ces déchirements et s'entendre avec la cour de Rome afin d'établir entre la république et l'Eglise ce fameux concordat, œuvre laborieuse et dont le nom seul indique assez les rapports qu'elles ont entre elles. Et sans proclamer et déclarer la religion catholique positivement religion d'Etat, il déclare que c'était la religion de la majorité des Français.

Louis XVIII, en la déclarant religion d'Etat, faisait purement et simplement un acte de condescendance envers le culte catholique, pour s'excuser auprès de lui de l'égalité effective accordée aux autres.

La France, professant généralement la religion catholique, devait par respect pour elle proclamer cette déclaration religion d'Etat. Et n'en déplaise à ces esprits dont les craintes dépassent toujours les espérances. La religion d'Etat proclamée n'empêche point la liberté des cultes, et n'est pas plus dangereuse que n'est possible le droit d'aînesse.

L'augmentation des couvents ne devrait pas plus effrayer ces esprits étroits et pusillanimes, qui ne veulent voir dans ces nuages qui s'amoncellent au-dessus d'eux que la dévastation et la ruine, tandis qu'ils n'en reçoivent qu'une pluie douce, bienfaisante et salutaire.

Voudraient-ils atteindre à cette liberté individuelle, eux qui en sont les plus chauds partisans, et qui consiste à faire de sa personne, de sa volonté ce que l'on juge à propos ; qui fait que l'un traverse les mers, commerce avec tous les peuples du monde, tandis qu'un autre fuyant son trouble et ses plaisirs, va cacher dans la solitude sa pudeur, sa vertu, ses sacrifices.

Mais comment prouver sans cependant le conseiller, que l'enseignement de la jeunesse par les jésuites, bien loin d'être dangereux, ne pourrait que former dans la science comme dans les bonnes mœurs la nouvelle génération, sans retracer l'histoire de leur vie, de leurs travaux, des calomnies qu'ils ont essuyées.

Je me bornerai à en décrire les principaux traits et qui touchent aux points les plus controversés et les plus intéressants en même temps de leur histoire.

Les jésuites, sous le nom modeste et religieux de la compagnie de Jésus, apparurent dans ce fameux XVIe siècle, envoyés par la Providence pour combattre le fléau de l'hérésie qui menaçait de tout embraser, en détruisant sur son passage la religion catholique et les rois eux-mêmes.

Remarqués par la cour de Rome par la puissance de leur éloquence et les grandes vertus dont ils donnaient l'exemple, ils reçurent d'elle tous les priviléges attachés à un ordre dont on attend le plus grand dévouement.

Ils se répandirent par toute l'Italie, à Venise, en Espagne, en Allemagne même, réfutant, détruisant par leurs irréfutables arguments, cette doctrine funeste qui devait agiter pendant un siècle le monde entier.

Ce fut Henri II, roi de France, qui le premier les autorisa à bâtir, fonder, instruire en France, partout où il leur plairait. Les rois se servirent d'eux avec les parlements pour abattre les grands feudataires. A cette époque, le peuple les regardait comme les défenseurs de ses libertés.

Tant d'ardeur, tant de succès, tant de vertus devaient bientôt être persécutés, calomniés, poursuivis. Seulement, tandis que le plus grand nombre parcourait le monde entier, arrachait à l'hérésie la Pologne, la Hongrie, la Bohême, la Silésie, la Bavière, l'Autriche, l'Allemagne même, le foyer où se forgeaient ces armes si cruelles; tandis que repoussés par la calomnie, ils revenaient toujours dans l'arène de la discussion, sûrs d'obtenir la victoire, si les esprits calmés voulaient les entendre ; d'autres, fixés au sein d'une capitale, livrés exclusivement aux discussions théologiques, luttant tantôt contre les parlements, tantôt contre les disciples de Luther, finirent par se laisser aveugler par toutes ces controverses, dernier fruit que toutes ces discussions enfantent.

Il furent accusés injustement comme instigateurs de l'assassinat de Henri III et de Henri IV. Crimes qui n'étaient que l'œuvre des fanatiques qui, trompés par de fausses interprétations que laissent ces luttes funestes, croyaient rendre à la religion un service insigne.

Les jésuites furent accusés par le parlement, tandis que Ravaillac, comme avait fait avant lui Jacques Clément, protestait contre toute espèce de conseil de leur part.

Les états généraux les déclarèrent innocents, et peu après, par les ordres de Louis XIII, la ville de Paris et le prévôt des marchands posaient la première pierre de ce fameux collége, dans la première capitale du monde civilisé. Et tandis que la révolution les bannissait de France, Catherine de Russie les recevait dans ses états.

Ces luttes religieuses éteintes, les jésuites se réfugièrent dans les prédications et l'instruction supérieure, dont aucune institution n'a jamais pu les surpasser. Il naquit de son sein les plus grands génies, les plus grands philosophes, prédicateurs dont se glorifie à juste titre le XVIIIe siècle.

Voltaire, élevé à leur école, leur rendait justice.

L'abbé de Prades s'écriait dans son style vagabond : « Quelle institution que celle-là ! En fut-il jamais une » plus forte parmi les hommes ? »

S'ils combattirent si énergiquement et même au mépris de leur vie ces erreurs, ce libre examen qui menaçait d'engloutir dans un même gouffre la religion et les trônes, c'est qu'ils savaient aussi que là ne s'arrêterait point la rage d'innovation de ces sectaires, et comme le dit Balzac : « Hélas ! la victoire du calvinisme » coûtera bien plus cher à la France qu'elle n'a coûté » jusqu'aujourd'hui, car les sectes religieuses et poli-» tiques, humanitaires, égalitaires, etc., sont la queue » du calvinisme. »

Je crois que toutes les objections ci-dessus seront suffisamment réfutées, si ce n'est le suffrage universel, dont j'ai parlé assez dans le cours de cette lettre, pour que vous ayez à ce sujet une idée arrêtée.

Dois-je vous parler de la prééminence que l'on accorde au drapeau tricolore sur le drapeau blanc. Si nous voulons connaître l'origine du drapeau blanc, nous n'avons qu'à ouvrir l'histoire.

Quand Henri VI, roi d'Angleterre, devenu maître de Paris et de Saint-Denis, se fit proclamer roi de France, il prit à ce titre notre étendard national. Dès lors les Français se virent obligés d'abandonner une couleur arborée par leur ennemi. Le rouge disparut donc de nos drapeaux et le blanc prit sa place.

Ce fut un décret de la convention du 27 pluviôse (15 février 1793) qui nous le rendit. Ce décret fut ainsi conçu : « Le pavillon ainsi que le drapeau na-
» tional seront formés de trois couleurs, disposées en
» trois bandes, de manière que le bleu soit attaché à
» la garde, le blanc au milieu, le rouge flottant. »

Ce fut quand le sang de nos rois coulait sur l'écha-faud, que l'on arborait à nouveau ce drapeau pour la nation épouvantée.

A présent, la paix obtenue à tout prix, à la honte même de tout Français, qu'avons-nous à faire sinon de nous donner un gouvernement stable, juste, libéral dans les limites du droit et conciliable avec l'ordre.

Oui, comme le dit lui-même le comte de Chambord dans une lettre datée du 15 novembre 1869 :

« Je suis convaincu, j'affirme que la monarchie hé-
» réditaire est l'unique port de salut, où, après tant
» d'orages, la France pourra enfin retrouver le repos
» et le bonheur. »

Ce n'est pas en soulevant les passions populaires que le comte de Chambord veut reprendre possession du trône de ses pères ; il le revendique au nom du droit qui lui accorde, de l'honneur qui est sa devise, de la grandeur morale qu'il a pour but dans tous ses actes. Et s'il vous restait encore quelques doutes sur ses in-tentions libérales, il me suffirait de vous répéter ces

paroles qui lui échappaient dans une conversation :
« Je ne sais ce que la Providence me réserve, seule-
» ment si jamais je mets le pied en France, je n'y
» reviendrai pas, j'y arriverai. »

Acceptons franchement, loyalement, la main généreuse qui s'offre pour nous sauver. Assez de tentatives
et d'essais malheureux ont dû nous convaincre que
c'est le seul moyen qui nous reste et que la Providence
nous réserve pour réparer nos malheurs et relever
notre grandeur humiliée.

Avons-nous le pouvoir de choisir notre père que
nous donne la Providence? Pourquoi plus aurions-
nous celui de choisir, de répudier et d'élire nos rois,
prérogatives funestes dont s'arroge le peuple, or-
gueilleux d'un pareil privilége, mais qui font naître
ces successions, ces aspirations illégitimes, qui bou-
leversent le pays et engendrent tous ces désordres qui
nous accablent.

Depuis le 10 août, jour funeste où la royauté bannie
des Tuileries fut transférée au Temple et de là à l'é-
chafaud, s'est-il tramé aucune conspiration, accompli
aucune révolte, ourdi aucun complot, qui n'aient été
le fruit de ce crime infâme qui pèse encore sur la nation coupable.

Il s'agite, il se tourmente comme un grand criminel,
ce peuple malheureux, cherchant quelque abri plus
certain, quelque port plus assuré et plus à l'abri de ces
oscillations constantes qui menacent à chaque instant
de le submerger, sans songer que par un seul effort
de sa volonté, il peut reconquérir ce calme, ce repos,

cètte quiétude, cette sécurité de l'avenir, en rappelant sur le trône ce prince véritablement légitime.

Et pour finir, cher ami, en vous consolant, je veux vous citer quelques-unes de ces stances magnifiques qui sortirent du cœur inspiré de Lamartine après l'assassinat du duc de Berry ; éloge sublime autant qu'il peut être un conseil salutaire, et auquel le comte de Chambord est toujours prêt de souscrire :

>   .   .   .   .
>
> Il est né, l'enfant du miracle,
> Héritier du sang d'un martyr !
> Il est né d'un tardif oracle,
> Il est né d'un dernier soupir.
> Aux accents du bronze qui tonne,
> La France s'éveille et s'étonne
> Du fruit que la mort a porté !
> Jeux du sort ! Merveilles divines !
> Ainsi fleurit sur des ruines
> Un lis que l'orage a planté !
>
>   .   .   .   .
>
>   .   .   .   .
>
> Il saura qu'aux jours où nous sommes,
> Pour vieillir aux trônes des rois,
> Il faut montrer aux yeux des hommes
> Ses vertus auprès de ses droits ;
> Qu'assis à ce degré suprême,
> Il faut s'y défendre soi-même,
> Comme les dieux sur leurs autels ;
> Rappeler en tout leur image
> Et faire adorer le nuage
> Qui les sépare des mortels !

CHALONS, IMPRIMERIE DORTU-DEULLIN.

www.ingramcontent.com/pod-product-compliance
Lightning Source LLC
Chambersburg PA
CBHW061346050726
47595CB00005B/2098